edition suhrkamp 2369

Christian Lehnert ist ein Dichter, der sich Zeit läßt, einer, für den Zeit offenbar in einem ganz anderen Rhythmus verläuft. Das mag damit zusammenhängen, daß die Orte seiner Gedichte mit dem hiesigen Alltag zunächst wenig zu tun zu haben scheinen: Es sind Orte der geschichtlichen Überlieferung, der Bibel, Orte in Palästina, im Nahen Osten, in Spanien – Stationen seines Lebenswegs, der den noch nicht 35jährigen von Sachsen aus in die Ferne führte und wieder zurück in einen kleinen Ort bei Dresden, wo Christian Lehnert heute als Pfarrer arbeitet. Lehnert hört auf »die Sätze, die aus der Stille heraufsickern«, er gibt dem Schläfer poetische Stimme, dem Soldaten, dem Physiker oder dem taubstummen Tänzer, besingt den Vulkan, die Autobahn, die Brache in einer Sprache äußerster Verdichtung, die nie auf Effekte aus ist.
Christian Lehnert, geb. 1969 in Dresden, hat im Suhrkamp Verlag mehrere Gedichtbände veröffentlicht, unter anderem *Auf Moränen* (2008) und *Aufkommender Atem* (2011). 2013 erschien von ihm *Korinthische Brocken.*

Christian Lehnert

Ich werde sehen, schweigen und hören

Gedichte

Suhrkamp

2. Auflage 2013

Erste Auflage 2004
edition suhrkamp 2369

Originalausgabe

Druck: Books on Demand, Norderstedt
Printed in Germany
Umschlag gestaltet nach einem Konzept
von Willy Fleckhaus: Rolf Staudt
ISBN 978-3-518-12369-0

I

Finisterre

(Notizen vom Ende des Jakobsweges)

Nomadenpflanzen, gleich ob auf den weißen Vakuolen
des Quarz, auf Wrackteilen, rostigen Kettensegmenten,
ob auf Panzern toter Krabben, sie vertäuen
den losen, anorganischen Grund deiner Blicke
                                        mit dem Gedächtnis
umgrenzter Zellen – Kugelalgen, Fäden, Epithele.
Sie feiern den Ursprung des Atems inmitten der Armut
des Gerölls – graue Priester langlebiger Stämme,
Piloten im Strahlstrom, verkapselt in Sporen,
Codezeichen des Futurs, wenn es in steinharten Poren
nichts mehr zu hoffen gibt.
                    Ihre Schrift aber bleibt ewig.
Ihre grünen Kursive widersagen dem eigenen Zerfall
und blühen. Ihre Körper wiederholen sich wurzelnd
in ihren Körpern, lösen Felsbrocken, haften
über Jahrhunderte fest am kargen Arkanum ihrer selbst:
Geflecht, das sich auf sein Geheimnis konzentriert,
                    indem es wahllos in die Breite wuchert.

(Flechten, unter dem Monte Louro)

Spät abends, als der Regen fiel, flockte die Küste aus –
Weinstein im hohen Glas, zwischen den Wassern.
Ohne Gnade streiften dich Fallwinde von den Klippen.
Du hörtest Laute, die deine Sprache nicht kannte,
die tonlos zurücksanken in die panische Dunkelheit,
bevor du warst, Geräusch,
                              das du nicht begrenzen konntest:
Nacht eines Körpers, den es nicht gab,
                        Nacht eines Gottes, der niemals war,
Nachtstunde, da man dir Blut zu trinken gab,
            deinen Leib nährte in einem fremden Leib.
Aus strömender Leere gelesen, ein Lichtstrahl zündete
Leben, löschte dich, zündete Zellinseln, blinkende
Auferstehungsgesänge in der täglichen Langeweile
des Ichs …
          War es ein Flugtropfen, unter der Meeres-
linse vergrößert? In Dunstreflexen: organischer Schaum?
Doch in der unmerklichen Befruchtung der Sonne
                          mit deinem Schatten wurde es hell.

(Morgens unter dem Monte A Moa)

Wie flüchtig du seist, verflögest wie die Atemwolke
eines kurzen Wortes: Weg … Flüchtig,
wie Harzgeruch im Wind, wie Silben
ihre inneren Grenzen verließen und Stimme würden,
Stufengesang hinauf gegen die festen Vokabeln.
Starr stehen die Wegweiser, die Kreuze, starr
die Lautfolgen der Vögel,
die aufgebrochenen Schollen am Hang,
Narben eines Schmelzflusses. Was sagtest du?
Ich sagte ein einsilbiges Wort,
das sich hinter einer Nebelfront verbirgt.
Das Ginsterdickicht verlosch im Gehen.
Gehen und Sprechen erstarrten abends im Talgrund,
wo Geröll das seine suchte, metrisches Grollen.
Sickermulden, sie seien
noch nicht genug geworden, auch Löcher wanderten.
Am Ende sähest du nur die Hohlform einer Hand,
die Spur von Millionen Wanderern in einer Säule:
Fehlendes, das ein Gewölbe trägt …

(Camino de Santiago, O Cebreiro)

Am Versende fiel Hagel, hackte die Humusinseln aus,
die zahllosen Namensreste in der Felssteppe am Meer.
In dem Wort, das es nannte, verschwand das Festland.
In den Worten, die sie benannten,
verschwand die Gewißheit
über Inseln, Untiefen und Klippen aus den Karten.
Der Hagel nahm zu: eine leise Stimme,
der gegenüber deine Stimme versagte.
Rötliches Gestein, erhitzt und zusammengepreßt,
umklammerte, was die Wellen zerfraßen.
Indem der Hagel dauerte, verlor sich dein Zeitgefühl,
entstand eine Lücke,
in der etwas verschwiegen wurde.
Zum Findling abgeschliffen lag ein keltischer Altar,
zur Massebe verwittert ein Kruzifix. Der Hagel
hatte die Küste, ausgehöhlt, zurückgelassen,
um endlich über dem Ozean Hagel zu begegnen.
Langsam erinnertest du dich an das vorhergehende All.

(Hagel über der Sierra de la Capelada)

Und lauschtest, kauernd, dem Lallen der Wellen,
dem dauernden Lachen,
preßtest die Lippen zusammen,
als jener Laut sich, kolikhaft, in dich fraß:
ein Leerschmerz unter dem Meer? Ein stechendes
»Höre …«: das Rauschen dehnt sich aus
und verflüssigt den Boden,
das Rauschen schwingt durch eine brüchige Eischale,
das Rauschen trennt sich
von der kurzen Sequenz b-r-sch-t.
Höre: du wirst in der Höhlung
eines Tunnels danach gefragt, du
wirst nach diesen Silben gefragt werden,
wie nach scharfen Möwenschnäbeln, Zangen.
Doch wirst du sie vergessen haben.
Du hast die Gischt gehört, sonst nichts …
Die Geräusche täuschten wie die Küstenlinie bei Ebbe,
täuschten wie der Glanz eines nassen Kiesels.
Du legst ihn auf die Zunge, schmeckst seine Schwere.

(Costa da Morte)

Tautrunkene Vögel stakten durchs Moor,
verschwanden – blitzendes Flügelglas am Himmel,
in dessen hundertfacher Schräge sich die Sonne spiegelte ...
Und fielen erneut wie Hagelkörner nieder,
hungrige Schnäbel, Muscheln zu hacken, zu spießen
das zischende Fleisch, den schwarzen Fettrand des Meeres.
Ihre Köpfe impften Leere unter die Schalen,
beteten nickend das Vergessen an.
So kamst du näher. Knirschendes Geräusch, nachhinkendes
Körpergeräusch.
Jemand nähme dich an die Hand wie seinen Tod,
führte dich über die Kiesel, den Tang,
in die endlosen Sagen von Goldschätzen:
unerlöste Schätze gäbe es, die meist schliefen, kranke,
die Teile ihres Geheimnisses vergessen hätten,
Schätze, die sich verzehrten im Erfinden eines Namens,
der sie verbirgt, eines Ungesagten, das sie bewacht,
um sich ausgesprochen in Asche zu verwandeln
oder in grünes Glas, das in den Wellen schwebt.
Wovor flohen die Schwingen,
der Angstkeil über dem Meer?
Welches Leuchten ließ plötzlich
diese Kompaßnadel zittern?

(Islas Cies)

Der Nordwest hat fiebrige Därme und eine stumpfe Seele.
Übersättigt ist seine graue Hirnrinde
von Erinnerungen an nichts als Wasser.
Schräger Dunstschacht: ist der Ozean ein Eiskorn?
Lückenhaft streut der Mond Reflexe ins Dunkel, Sprühlicht.
Hier zerfressen die Böen ihr eigenes Sehnen,
werden zerrieben, wirbelnd
an den Wellenkämmen, deren Form sie annehmen,
ihnen doch fremd. Sie kreisen
um eine Mitte, die sie nie erreichen: lockender Unterdruck,
blindes Auge in der Zyklonenachse über dem Meer.
Sie toben um ein leeres Zentrum, in sicherem Abstand
gehalten von ihrer Masse.
Dich traf der Sturm wie ein Tagtraum: ... als Taube, verirrt
über der Flut, kämpftest du gegen die Erschöpfung an.
Du hattest kein Land gesehen, kein Gestein,
dich trieb die Angst,
zu verlöschen ohne Botschaft, als ein Niederschlag ...

(Sturmböen, Costa da Morte)

Westwärts, über die Felsen, gegen das Vergessen hin,
wo die Grabsteine keine Namen mehr tragen, nur
kristalline Pupillen aufs Meer stieren, wo die Gischt
beharrlich Beton abnagt,
Landrippen, löchrig, unter dem Nebelschirm liegen,
hoc est corpus, röchelnd
unterspült, wo die Straßenschilder enden,
die trigonometrischen Punkte,
wo dein Atem gegen den Sturm versagt, Zeit
in Karstlöchern absickert, wo die Nacht Erinnerungen
an die Möwen verfüttert, wo nur Flechten noch
das Wasser hochhalten gegen den Sog
der Einsamkeit, wo du als Zitat eines unverstandenen
Satzes nachhinkst, unsicher, wie die Gesetze
der Geometrie, der Schwerkraft, wo die dunklen Akkorde
der Nebelhörner dich erbarmungslos
in die Zukunft treiben …

(Finisterre)

(Das graue Licht, die Mutter, Grau und Grau,
aus dem der Schaum, die weiße Brandung steigt:
Geräusch gebrochen, Wellen, ungenau
sind Namen … finis, terra und verzweigt

der Tröpfchenstrom, dein Atem … Finisterre
ist keine Ortschaft, keine Steingestalt,
ist nirgends gegenwärtig: eine Sperre
im Zeitverlauf, ein Wirbel aus Basalt

um eine bilderlose Mitte, Rand
der einzigen, der flachen Ginsterinsel?
Stehst du auf einem unbenannten Land?
Im Tagsturz, Nacht, auf nassem Felsgerinnsel?

Fällt Nebel, wo die Stimme sich verliert?
Getrennt vom festen Grund durch Exegesen:
ein dichtes Grau, das pausenlos gebiert
den kalten Kontinent, wo du gewesen?)

Muschelbank bei Muxía

(an der Kirche der Muttergottes vom steinernen Schiff)

1

Stabat Mater:
die Frau blutete dunkel aus den Pupillen,
abends,
als du vom Köcheln der Brandung getrieben
über das Meer gingst
und das Meer ein steinernes Segel war.

Schwarze Muscheln,
Matrix der Dämmerung auf dem Geröll.

Du folgst den Spuren der Wellen über den Granit:
Sprache ohne Sprache.
Leere Seiten dehnen sich nach Westen aus.

2

Ausgesetzt im Atemnebel, flatterndes Segel,
klammerte ich mich an Granitbrocken, suchte,
was trägt: das beladene Wort?
»Mutter …«? »Steinernes Schiff …«?

Im Wellengang, Flügel ohne Vogel,
Flug durch die Gischt,
löste die Nacht die Schatten der Klippen auf,
geworfen aus dem Nichts.

II

Tempel

(Der Fels)

Schroff wie ein angeschrägter Pfahl ragt der Fels
in den Wind, schartige Zunge, die leise singt,
bis in den Kalksteinhöhlen die Töne widerhallen,
wie die Schreie eines Lammes, das dort angebunden
langsam ausblutet, röchelt, verstummt und erneut anhebt
zu schreien, den Hals gestreckt in einen Raum,
der unsichtbar in seinem Schädel expandiert. Du folgst
schwarzen Rissen, tastest entlang von Graten, Nadeln aus
Gestein, die von der Sonne aufgeheizt in den Äther zeigen.
Wie in das Bruchstück einer Kupferplatte geätzt, Umrisse
im Staub, siehst du zwei Augen, flimmernde Ringe
auf poliertem Metall ... Das Tier stirbt und stirbt und
kehrt wieder und stirbt in dir und ist nicht zu vergessen,
stirbt dir voran, Spiegel deines Bleibens,
der du ohne Stimme bist, ein Passant ohne Weg.

(Der Vulkan)

Faßlich sind nur die Jahre danach, das reglose Meer
zersplitterter Lava, Grate, die mit gleicher Präzision
Wind, Knochen oder Leder durchschneiden. Du siehst
das Spiegelbild des schwarzen Himmels hinter Flechten-
vorhängen, verstummte Kraft der Eruptionen:
die Feuersäule,
die Bergen voranging, das gelbe Gewölk, das sich über
Ebenen
wälzte und Tieren ins Hirn kroch, daß sie starben,
haben sich in Asche und Geröll verloren. Alles ist Spur.
Die Zunge, die Kadaver aufleckte, Gesträuch,
immer klarer zu erkennen, immer zäher im Zeitfluß,
hat erkaltend ihren Körper gefunden, die Strömung
verlangsamt,
ist von innen erstarrt in langen Röhren. Nun schaust du
in das Gedächtnis der Stille, über steinernen Brandungs-
schaum. Ein Echo, wie du selbst, ist das Massiv:
abwesendes Umherirren, Abwesenheit des Vulkans.

(Die Maschine)

Im Inneren des Atems arbeitet die Maschine, Halbdunkel,
wo du mit den Augen leuchtenden Kurven folgst,
während durch einen Lichtschacht der künstliche Tag
hereinbricht, Reflexe … immer wieder Einstichstellen
und Strom. Du bist gefangen, bewegungslos in dir,
als würdest du dich teilen, auf einem Nährboden wuchern,
hundertfach, ein Heer, du kommst herein in deinen Körper
und gehst, du lauschst: Das bist nicht du,
es ist die Maschine, die Nachttaste, Liturgie, o Herz,
o flackernde Herzschläge … es ist das brennende Herz
in der Mehrzahl. Seltsam ist die Sprache in deinem Kopf:
Wer weiß von Plasma und Blumen, Ventilen und Haar?
Selbst die Worte brauchen dich nicht, sie dringen herauf wie
Motorengebrumm, ein Zungengebet, abwesend geflüstert:
»… der Schlauch, die Schläuche, die Endlosschleife …«

(Die Teilung)

Die Nacht bildet eine Milchhaut, zitternde Spannung,
bevor etwas vorstellbar wird und du erwachst. Ein Schmerz
bohrt sich langsam in den Raum: Jemand steht
auf der Schwelle, unentschieden, ob er bleiben
oder fortgehen soll, Keim für einen kommenden Körper
oder wessen Tod? Jemand wartet auf etwas, das ihn ergänzt,
weitersagt, als könnten ihn seine Erinnerungen überdauern.
Seine Spur führt über den Schatten im Zimmer hinaus
in ein anderes Leben, schneller kreisen die Augenblicke,
er treibt weiter ab in eine Zeit, die beginnen wird,
wenn er verschwunden ist. Wieder liegt der enorme
Raum vor ihm, schwarz und offen, von keiner Gegenwart
begrenzt, keine Silbe ragt hinein, kein Gen.
Das ist sein Spiegel: Er sieht ihn. Er hört eine Stimme
wie ein Echo im Dunkel: *immer bist und überall du ich.*

(Die Sprengung)

Ein Gewölbe aus Staub steht am Himmel, weiße
Vogelschwärme fliegen hindurch wie Asche im Wind,
dich erfaßt in Böen der Sog, die Verwandlung: Pfeiler
zu Geröll, Ton zu Geräusch, Ikonen zu schwebendem Ruß.
Dein Puls jagt immer schneller, das ist der Moment,
in dem die Glocken zurückschmelzen ins Erdreich,
metallische Adern, das ist die Stunde, in der das Tageslicht
kippt, du kriechst nach Gehör bis zum Sperrzaun vor,
starrst in die Tiefe: … Ein Gekreuzigter steckt
im aufgewühlten Schlamm, Antikörper der Erinnerung,
ein Stück Bronze kehrt aus dem Blick des Menschen heim
in die Schrift der Kristalle, unverständlich wie ein Stein.
Das Schweigen, Gott ohne Zeugen, das Schweigen,
über Jahre der Augenblick, der nicht erinnert werden kann:
Ein Gewölbe steigt auf und wird, was es ist.

(Die Autobahn)

Fixiert auf einen Punkt in der Ferne, hältst du kaum
dem Lichtfleck stand, der sich von innen ins Gesichtsfeld
frißt, plötzliche Müdigkeit, in der Erinnerungen
verlöschen … Wiederholtes Tasten nach der Stirn:
Was suchst du? Die Reflexe deiner Brauen im Brillenglas
verschwinden im Dämmern, du faßt, wie gewohnt,
das Lenkrad mit der linken Hand, während die Kurven
deinen nervösen Augenbewegungen gehorchen.
Die Nacht, die Piste, die Wolken nähern sich einem Paß,
über dem dir der offene Himmel entgegenrast, wärmelos
strahlend, du schießt weiter zwischen Abfahrt und Abfahrt:
Achtung Böschung, Blinken am Rand, ein Öhr ins Dunkel.
Immer wieder liest du Namen durchfahrener Orte: Fallen,
die dich zurücklocken mit einem seltsamen Heimweh,
das du dir so gern noch einmal glauben würdest.

(Die Brache)

Auf der Erde sein, wer hatte zuerst diesen Traum? Wer
betrat die Schollen, ausgetrocknet vom Wind, und wurde
fortgerissen in Wirbel aus Ranken und Staub? Wer zwang
sich ein Leben lang in die Erinnerung zurück?
Ein Garten entsteht und vergeht, die Muster von Totem
und Lebendigem bilden ein undurchdringliches Gewebe:
Keime krümmen sich aus dem Humus hervor und werden
von anderen überwuchert. Du hast keinen Namen für das,
was aus der noch immer warmen Erde bricht. Solange nichts
zu unterscheiden ist, bist du versöhnt mit dem Ungesagten.
Du läßt wachsen, läßt den Regen durch die Pflanzungen
jagen, dein einziges Tun zwischen den ungeordneten Reihen
ist dieses Lassen, wer fragt, wohin der Tag verschwindet?
Manchmal kaust du Früchte, schmeckst die Säure:
den Sud des Verlorenen, des beginnenden Vergessens.

Warten aller Augen

(Begegnungen)

(Soldat)

Ich blicke ins Leere. Die Muskulatur erinnert sich
an die natürliche Ruhe.
Ich lasse den Körper gewähren und halte mich völlig zurück:
es gibt keinen Grund, hier zu sein.
Die Erdoberfläche ist ein zerknittertes Kalenderblatt
von gestern,
heute wird sie anders sein, und ich werde sie nicht mehr sehen.
Die verstreuten Siedlungen verscheiden
in langsamen Bildfolgen.
Ich atme gleichmäßig,
habe nur Kontrollfunktionen:
Einschlagstellen, Licht, Dunkel, der erste Tag.

(Der Pfarrer)

Ich weiß nicht mehr, was wird.
Der Weiher,
der Niemandsblick schaut durch mich hindurch
auf die kahlen Apfelbäume
mit den roten Früchten,
die noch bis in den Dezember hängen werden:
jeder Sturz
wird die Wiederholung des letzten sein,
bei Frost in verzögerter Frequenz.
Ich begegne niemandem.
Ich begegne niemandem.

(Physiker in der Chipfabrik)

Der Tag ist eine lange Röhre aus Glas,
die im Dunkel leuchtet.
An dem einen Ende bin ich, am anderen Ende bin ich.
Draußen tauen die Schneefelder und zeichnen
in weißen Strichen die Hügel nach:
in wenigen Stunden werden sie verschwunden sein,
Vermutungen. In den verspiegelten Scheiben
sehe ich deutlich nur mich:
das Gesicht eines Ungeborenen, wartend auf die Zeit,
das Gesicht eines Toten, wartend auf die Zeit.

(Patientin im Mehrbettzimmer eines Pflegeheims)

Seit ich hier bin, schneit es.
Die Wolken vereisen am Fenster.
Ich liege an einem Strand,
eine ausgebrochene Planke.
Verschwundene Gesichter strudeln auf
über dem weißen Boden.
Die übrigen Körper, herangeschleppt um mich,
die ich anschreie,
die mich anschreien: warum hören wir uns nicht?
Kaum ein Wort verweist zurück auf mein Gehirn.
Selbst die Medikamente,
die Selbstgespräche
haben keine Verwendung mehr für mich.
Wieder versuche ich,
weil es sich so gehört,
eine der schneeweißen Kartoffeln zu essen.

(Taubstummer Tänzer)

Ich lege mich hin und spüre
den Anflug der Hummeln.
Vibrationen aus dem Erdinneren, Erinnerungen
aus einer Zeit, als die Null noch unbekannt war, der Puls
und die ewige Stille.
Das ist die Stimme meiner Mutter,
es ist ihr stummes Selbstgespräch,
wenn alles unverständlich wird.
Doch ich höre niemandem zu, auch ihr nicht,
ich lasse mich tun.
Die Hummeln halten keine Körperwärme,
es gibt sie nur meinetwegen,
der ich Wache halte
an der Brandung eines lautlosen Luftraums.
Hier sammeln sie sich zum Angriff, zum Schwarm.

(Betender)

Das Verschwinden des Schnees,
die Arbeit des Vergessens:
immer wieder fällt ein namenloses Ding in den Hof,
ein kleines teuflisches Loch,
das meine ganze Aufmerksamkeit frißt.
Die Schneeflocken verlöschen in den Pfützen,
kein Geräusch.

(Anachoret)

Ich lasse einen Bogen Papier zu Boden taumeln.
Ich lasse die Löwenzahnstauden ungestört wachsen
und Samen bilden,
ich lasse die Morgenluft ins Zimmer dringen.
Nichts ist zu tun.
Nichts ist zu verstehen.

(Schläfer)

(Dies ist der Tag,
der beginnt mit einer Schrift, die ihre Schwingen öffnet:
großer Vogel Sinn … Ich schöpfe Wasser
und wasche mir das Gesicht,
fertig zur Blüte, zum Staub.
Meine Augen, ohne Angst, daß sie sich irren könnten,
finden die Straße,
die glitzernde Spur der Spinnen durch die Luft.)

Der Tag öffnet mich,
ein Gesicht, angeklickt, die Stirn,
die Suchmaschine läuft an.

Gesucht wird das Wort Tod.
Keine nähere Bestimmung: das Wort Tod.

Ich denke es nicht.
Ich schlafe.
Mehrere Einträge verweisen auf meinen Namen.

Ich werde schlafen bis ins Paradies,
schlafen werde ich,
bis sie ein neues Programm einspeisen.

Gesucht wird das Wort Opfer.
Keine nähere Bestimmung, ein Fortpflanzungsvorgang,
Viren.

(Neunzigjährige Witwe)

Ich bin in eine lange Dunkelheit gezogen.
Blüten der Birnen im Frühjahr,
die vollen Blätter,
das dürre Geäst –
so kehren die Toten wieder.
Alles im Raum fehlt unverändert wie es war.
Nur das farblose Gesicht meines Mannes,
wie er vergraben in einem Erdloch lag für Monate
im Eis, im Norden
bewegt sich manchmal, kaum merklich,
wenn es draußen taut.
Ich bin in eine lange Dunkelheit im Norden gezogen.
Blind bin ich aufgebrochen,
taub und schwer,
daß er mich vielleicht doch noch wiedererkennen kann.
Ich füttere das Mondlicht.
Ich werde nachts um Eins gedreht
zum Fenster mit dem Birnenbaum.

(Der Sohn, 1)

Jeden Morgen denke ich von neuem daran,
daß mein Vater mich nicht überall sehen kann,
nur dort,
wo ich seine Erinnerungen verlasse.
In seinem Kopf bin ich versteckt.
Er schläft nicht mehr, er denkt
fortwährend an seinen Sohn,
an seine Toten.
Vor dem Grundstück
lag am Morgen ein angefahrenes Huhn, es sah mich an:
schwarz die winzigen Augen, das All.
Warum fehlt schon wieder ein Wort in meinem Gedächtnis?
Ich ziehe Vaters Bett ab. Alles ist still.

(Der Sohn, 2)

Der warme Rücken des Vaters, den ich als Kind suchte,
der Waldrand, gestern schon
zwang mich die Dämmerung, zeitig umzukehren.
Ich bewege mich in zusammenhangslosen Sätzen,
deren Wörter
die Dinge heranholen wie Lawinengestein.
Stimmen kommen zurück aus dem Leben,
sie sind irregegangen:
was wollen sie jetzt noch von mir?
Ich spreche nichts mehr nach.
Ich sehe zu,
wie Schnee und Schlamm
über dem Gebirgskamm verschwimmen.
Es gibt keinen anderen Ausweg, als hier zu sein.

(Autor)

Ich schreibe gehetzt,
die Wörter, die mir fehlen, gebe ich für immer auf.
Im Nachbarhaus steht seit Wochen ein Fenster offen.
Ich lasse es nicht aus den Augen.
Gehärtete Metallplatten schieben sich langsam,
aber unaufhörlich
zwischen Kopf und Gesicht,
zwischen Körper und Erinnerung –
das sind die Sätze, die aus der Stille heraufsickern.
Ich will sie nicht kennen.
Ich spreche Wörter nach, schnell, um nicht zu verstummen.
Nur nicht schweigen,
nur nicht Futter werden,
nur immer die Maschinen laufen lassen, die Augen, das Hirn,
die Risse beobachten,
aus denen innen das schwere Meerwasser sickert.

Erdreich im Müglitztal

Erstes Stadium des Vergessens: zwischen morschen
Brettern, Stümpfen liegt ein Kopf, kaum noch
umrissen, wo die Schatten des Haars über Holzfasern
fallen, läßt jemand dich nicht mehr aus den Augen.
Zweites Stadium: eine Frau liegt nackt, ohne Beigaben,
Haut wie Terracotta, ein trockener Pflasterstein
auf dem Weg in die Fremde, zu Trichtern
die Kopföffnungen verwittert, Zahnzäune stehen
vor dem Abgrund, an den zu rühren du gewarnt bist –
überall Sporen, Keime, überall halbzerfallene Wörter:
Laß mich sein ohne Sinn, Erbarmen, ohne Sinn …
Drittes Stadium: das ist die Präparation,
der Pinsel, das Pilzgift in den Nasengängen und gefestigte
Falten, Starre eines Augenblicks, du öffnest
den Mund und schweigst, als wärst du in das falsche
Gedächtnis geraten, nicht identifiziert, ein Echo.

(Gruft in der Kirche von Burkhardswalde)

Die weiße Wand ist hier die einzige Wahrheit,
was immer sie birgt, vergeht mit dem Einbruch der Nacht.
Schädelstätte, das Gewölbe war bemalt mit Flammen
im Westen, mit dem Grassaum einer Quelle im Osten,
vom Weg dazwischen fehlt jede Erinnerung,
zu fremd ist der Raum zwischen Geburt und Tod.
Nur das Kreuz blieb zurück, als die Vergangenheit verlosch.
Kratzspuren, die Demenz wuchert wie Schwamm
durch den Putz. Ein Ei von innen, so schließt sich die Zeit.
Du hast lange gestanden, geschwiegen. Alles weiß, du bist still,
ein Bilderstürmer im eigenen Hirn? Du zwingst dich,
keine Linie zu dulden, keine Farbe, als rücktest du fort von dir
und kehrtest um, ein weißer Fleck, der auf weißem Grund
pulsiert, während dein bohrender Blick verzweifelt versucht,
sich in demselben bohrenden Blick zu fangen,
der dich immer wieder hinab in das nächtliche Weiß stößt.

(Weißer Innenraum, entfernte Bemalung
in der Kirche von Burkhardswalde)

Nur Strukturen sind sichtbar, das Gegenteil vom Schmerz:
Container wie zerknautschte Zigarettenschachteln,
Amethyste,
das Modell einer chemischen Fabrik 1:100, verfangen
in Baumwurzeln, die in den angespülten Müll ragen
wie die Arme eines toten Tintenfisches. Schlammige
Jetztzeit,
die Sekunden zwischen dem, was kommt, und dem, was war:
eine Masse, weder tierisch, noch Pflanze, nicht anorganisch,
nicht fossil. Längst vergangen ist hier der Streit, ob das All
ins Vergessen ausfließt oder in sich selbst zurückfällt
und die Trümmer aufsaugt in ein vergangenes Dorf,
wo Menschen aus dem Schrei ums Überleben wieder
zu Körpern zurückwachsen, die atmend an sich glauben.
Die Strudel aber, wo ein Haus verschwand, entfernen sich
nicht,
sie kehren wieder, Puls der Nacht im Grollen der Öltanks
und Stämme, die an die Wände schlagen: Wach auf, wach auf,
bist du noch da oder kreist ein Stück Treibgut im Dunkel?

(Weesenstein, nach der Flut im August 2002)

III

Rand, die Leere

(Choralbearbeitungen)

Die Landschaft kippt, wird grauer,
ein nasser Wind, ein Schauer,
die Piste ragt ins All.
Verschüttet sind die Stollen,
die Erde treibt in Schollen:
du bist ihr warmer Widerhall.

Turbinen, Räder, Wellen,
die Schädel noch im Hellen,
im Dunkel der Asphalt.
Du fliehst die tausend Lichter,
Gewebe, immer dichter,
die Augen werden langsam kalt.

Sei still und schlafe, warte
und träume nichts und warte,
zu hoffen ist kein Grund.
Hinweggerollt sind Meere,
Kulissen, schwarze Leere,
in der sich öffnet Gottes Mund.

(Nachtflug Dresden – Arecife;
nach: Nun ruhen alle Wälder)

Schroffe, warme Steine,
Thymianduft, ein Flirren
in der Luft, die Mücken schwirren –
Gott ist hier und nirgends,
überall sind Spuren
seines Fehlens, weite Fluren,
braches Land,
Kraterrand,
wo die Echos hallen,
Worte uns entfallen.

Dämmrig liegt das Flußbett
wie ein Schriftzug, Lippen
staubverkrustet, Gräser wippen –
Zeichen, windgeschrieben,
wollten etwas sagen?
Doch, wo eben Hänge lagen
und der Damm,
Eschenkamm,
kann ich nichts mehr sehen,
keinen Weg verstehen.

Luft, die alles füllet,
Leere ohne Namen,
unbemerkt verwehter Samen,
nur ein langes Warten,

wo nichts ist, und rennen
durch Geröll, ich kann nicht nennen,
was ich sah:
»Du bist nah,
Höhlung voller Wasser,
Talgrund, immer blasser.«

(Flußbett im August;
nach: Du bist gegenwärtig)

Ein Raum, gekrümmt, aus warmem Stahl,
Waggon, du hämmerst Schlacken,
du hämmerst, hämmerst – ohne Zahl,
die hämmern, hämmern, hacken.
Die Kruste ist hart,
aus Schwefel, erstarrt.
Im Lärm, der dich traf,
versankst du wie im Schlaf,
du warst des Bebens Zentrum.

In dieser Kirche ohne Gott,
in dem Gewölbe kreisen
wie Schwalben Splitter, in dem Trott
der Schläge, sie beweisen
den Fortgang der Zeit,
der Zeit ohne Zeit.
Nach außen längst taub
brennt dir im Hals der Staub.
Der Meißel bohrt sich tiefer.

Bald fühlst du keine Stahlwand mehr.
Kein Gleis, kein Boden. Innen
pulsiert ein Hohlraum, völlig leer:
kein Enden, kein Beginnen.
Der Tag war die Nacht,
war niemand erwacht,

kein Hammer, kein Hall,
kein Name und kein Schall,
der aus dem Traum dich risse.

Du suchst die Leuchtstoffröhre, schwarz
am Einstieg, schwarz vor Augen,
im Dunkel aufgelöst wie Harz
in Lösungsmitteln, Laugen.
Nichts ist mehr vertraut,
kein Gestern, kein Laut,
dir bleibt nur zu harren,
in dich hinein zu starren:
ein Loch, der Sog, der Schwefel.

(Leunawerke, im Februar 1989;
nach: Ein feste Burg ist unser Gott)

Staubgesättigt war der Wind,
trübte ein den Magmagrind,
Krater, die verloschen sind,

schürfte sich in Schlacken ein,
zog durch Röhren im Gestein,
Aschewehen, schwarzer Schein,

sang am scharfen Schottergrat,
kobaltblaue Lavasaat,
die aus schroffen Hängen trat,

atmet aus: ein warmes All;
atmet ein: der dumpfe Hall
eines Steins im freien Fall,

dessen Echo tief im Karst
du belauschst, ins Dunkel starrst
und auf eine Antwort harrst.

(Lanzarote, im Wind aus der Sahara;
nach: Heil'ger Geist, du Tröster mein)

passio

1

Der Fels liegt in harter Strahlung
außerhalb der bewohnten Zone. Das Gedächtnis versagt:
er sieht einen Tempel, der im Zucken der Lider verschwindet,
in den Gassen hallen Schritte wider,
die er nie gegangen ist,
er versucht den Kopf zu drehen, den die Last
des Balkens auf den Brustkorb preßt …
Der Lymphe Kreislauf
wiederholt sich im hungrigen Irren der Krähen.
Der Marsch in den Schlagadern aber führt
auf ein Ende hin. Am Fluchtpunkt: der Fels,
weder sichtbar, noch unsichtbar,
weder gewesen, noch gegenwärtig. Der geschundene Kopf,
der geöffnete Kopf
läßt das Vergessen einsickern. Die Innenlandschaft
liegt bloß: immer wieder Ascheschichten
der Stadt über der Stadt, ein vermummter Toter,
die rätselhaften Momente seiner Anwesenheit.
Die Schrift bricht herein wie ein Beil.
Die Schrift ist das Auge,
mit dem das, was er sieht, erst entziffert werden muß,
trübes Glas:
Er ist blind und rennt gegen blanke Schilde.
Wortfetzen, Splitter fahren ins Zahnfleisch. Taube Striemen,
er wird beschriftet:
… das Schweißtuch, die Tränen, die Geflohenen …

Nur durch die Sprache
wird die Sprache überwunden, das Tageslicht
arbeitet sich wie ein Schrift-, ein Hinrichtungszug
bis hierher vor,
in die Mittagshitze: Golgatha.

2

Ein Film
abgestorbener Zellen, über den Stein geschmiert, der Weg
steigt an und wird steiler, ins Licht,
wo Hunderte Augen draufhalten. Seine Zunge zuckt,
wie ein Falter in den Fackelflammen, die Worte versagen:
Weint über euch selbst! Die Aufwerfungen
von Kalkstein, von Knochen,
soweit die Blicke reichen, grobkörnige
Erinnerungen ... Aber sie schauen in einen Spiegel,
sehen den Grenzfluß, der den eigenen Schädel durchzieht,
den Blutfluß. Steig hinauf
in die unentwegte Einsamkeit,
wo Tränen und Schweiß eintrocknen zu feinen Kristallen,
zu lauter kleinen Kreuzen! Das ist der eine Weg.
Der andere ist derselbe ohne Bewegung,
während sich die Menge bewegt,
während die Zeit sich nach allen Seiten
ausdehnt im Staub und zurückgeworfen wird
auf den einzigen ruhenden Punkt: seinen Körper.
Sie schreien: Stell dich nicht so an,
schenk uns ein Wort, ein Bild, ein Taumeln,
daß wir spüren, wie du uns trägst! Reize,
die verklumpen an seinen Lidern, Bildblöcke,
ausgeätzte Platten
mit den verdrehten Gliedmaßen, berstende Platten
unter dem Druck

des Urteils und der Farbdichte.
Aber er trägt nicht den Mob, gesplittertes Holz trägt er,
von weit her gekarrt.
Blicke leeren sich, wie Lämmer ausbluten, überblendet,
sie starren in eine Schneise: Dort muß er kommen!
Und starren in ein schwarzes Loch,
einfallendes Menschenmaterial: Ich erkenne den Kopf! …
Bebende Krater in Momentaufnahmen,
wie Krusten langsam zusammenrutschen,
dann die Endloswiedergabe, Tag und Tag und Tag und Tag …

3

Das ist das Zerrbild, in Öl: eine Höhle,
in der das Licht gerinnt,
Flockungen, die fest haften an einem älteren Schädel …
Mein Gott, mein Gott, warum hast du mich verlassen?
In umgekehrter Perspektive war es der hohe Felsen,
ein Körper wurde aufgerichtet in den Schmerz.
Darum, weil es Abend wurde
in dem abgelegenen Landstrich,
war das Kreuz,
war das Ächzen der Balken, das verstummte Gebet.
Die Zukunft hatte keine Zukunft,
keine Vergangenheit,
war die Wiederholung eines Wortes, das er noch sagen wollte,
bevor er starb. Brüche und Ohr, es bebt,
Brüche, so schlägt die Glocke zu:
Du selbst treibst die Nägel zwischen Elle und Speiche,
wartest auf sein lästiges Sterben.
Dich erregt es, dir zuzuschauen.
Du weinst plötzlich in der Leere, die zurückbleibt.
Er atmete ein und aus.
Unbewohnbares Geschehen, wie sich der Krampf
ausdehnt von den Gliedern bis ins Zwerchfell.
Das sind keine einsehbaren Räume:
der hochgehetzte Puls, der Blickwinkel des Verlöschens.
Die Menge verschwand plötzlich wie ein Wasserstrahl
im Staub, stellte das Sehen ein, die Reihen

lösten sich auf im Vergessen.
Speichel tropft
über die Kolonnen, die Zahnstände. Der Himmel
greift ein und dreht an großen Riemen das Tageslicht ab.
Die Beckenschaufel zuckt.
Die Namenswüste, innen, das ganze Geröll
rutscht über den Grat ab: Vater, Vater,
der Mund, der Rand.

4

Komm näher zum Schatten dieses weißen Felsens,
komm näher zu den Schatten, die im Abendlicht wachsen,
wo sich die Staubnebel
auflösen, die letzten Wörter.
Nichts ist vollbracht, nichts, was du sehen kannst.
Die Wörter reichen ins Schweigen hinein, beim Einbruch
der Finsternis
beginnt das Gestein zu pulsen:
jetzt und jetzt, kein Anfang, kein Ende.
Plötzlich ein Atemzug, wie ein Rascheln
im dürren Gras,
und von hier breitet sich erneut die Zeit aus, Ringe,
die auseinander fließen:
das Gewesene, das Kommende wird,
die Stirngewölbe des Menschen, die Silben
des Logos, die Wiederholungen,
der Blutkreislauf.
Ich spreche erneut von diesem Atemzug,
von dem verdunkelnden
Atem spreche ich, der die Sonne verschluckte,
ich spreche erneut davon,
um dahin zu gelangen, wo ich nicht bin,
um zu schweigen.
Föhnböen
rauschen über das Felsenareal,
Hufe von Tierherden trommeln, grollende Steine:

Das ist die Sprache, die verwandelt,
Brot und Erinnerung,
und die Schienbeine werden zerbrochen,
das Schlaffe wird heruntergezerrt
in die Gewebe der Zeichen, in weißes Linnen gehüllt,
geschoben in einen steinernen Uterus,
schnell, vor der großen Ruhe.

5

Das Bild: auf einem rohen Pfahl der Stamm,
der sich nach unten biegt;
gespannter Bogen, festgehaltenes Fleisch
an Nägeln,
mit schreienden Krallen die Hände,
gekrümmter Horizont, in Ölfarben,
gebrochene Knochen;
Nässe rinnt, Schwellungen
wie die Spuren von Wasserläufern auf einem Teich;
Gaswirbel;
Beine, ausgebuchtet; die Klimaanlage surrt;
Aughöhlen, bis über die Brauen gequollen, Fäulnis;
enorme Hitzegrade
auf der Zunge: Das ist mein Leib,
er wächst wie ein Vulkan im Urmeer,
wie die wimmelnden Kaulquappen im Sumpf,
wie ein Embryo;
das Loch in der Seite, sickerndes Wort:
Blut, für euch
Blut, Pulsen der Nabelschnur, für euch
die andere Zeit hinter der Zeit,
für euch die Zellen und ihre unendliche Teilung;
das Beben, zitternde Rippenbögen,
die an keiner Wärmequelle mehr ruhen, ein Nachhall,
wie das Amen ein Nachhall,
aus dem die Dinge ihre Sagbarkeit saugen,

selbst Echos verstummter Namen;
Kieferstöße, der Mund
zum Luftkanal entstellt, zur Beschreibung:
Es ist einer von dreien, nebeneinander hinter Glas.
Nichts ist gewesen,
nichts folgt mehr, der Stamm, das Bild.

Schwarz, der Schlaf, von nichts weiß der Schlafende,
unberührt von den Nägeln in den Gliedern,
nässenden Wunden,
schwebt er am Kreuz. Schlaf eines Mannes,

bevor er geboren ist, Schlaf eines Schöpfers ohne Welt,
Schlaf eines Keimlings im Samen bei Frost,
Schlaf eines vergessenen Toten,
über dessen Grab eine Schnellstraße führt.

Schwarz, der Schlaf, der weder endet noch beginnt.
In diesem Augenblick kehrt ein Mensch heim zu sich selbst.

(Velázquez: Cristo Crucificado)

Abraham

1

Ich lasse die Toten ruhen
und erwarte dasselbe von ihr.
Über den Beckenknochen
spannt sich ihre Haut, um tiefer
wie eine Flüssigkeit zu wogen.
Meine Hand glättet das Tuch.
Die Decke ist ein großes Lid, unter dem wir wach liegen.
Dort folge ich noch immer verständnislos
den Spuren eines Lebens, für das keine Zeit mehr ist.
Morgen werde ich Ziegen schlachten.
Ich weiß nicht, warum meine Hand sich bewegt:

2

und sich verliert in windverschliffenen Klüften, verliert,
was sie erspürt, verliert
den Halt und sinkt tiefer, in beunruhigender Endgültigkeit
wie ein Erdrutsch:
Verwitterungsschutt.
»Glaubst du mir noch meinen Namen, Sara?«
Ihr Rücken ähnelt einer Steinzeichnung,
Hunderte parallele Striche,
Kerben über den Nieren.
Ich bewege mich wie ein Klippdachs
vor seiner Höhle, krieche
in einen Raum, der sich vor langer Zeit aufgelöst hat.

3

Ich habe gelernt wie ein Blinder zu sehen, im Dunkel
zu lauschen, wann die trockenen Samen rascheln,
der Oststurm
Gesträuch über die Dünen trägt.
Ein Jahr mit all seinen Verzweigungen –
die Wurzeln des Hanf, die Toten, die Worte –
liegt vor mir wie ein Quarzkristall.
Es fällt mir schwer, mich zurechtzufinden
in den Verrichtungen des Körpers –
immer bin ich an dem Punkt, wo gerade die Atmung einsetzt.
Wieviel Verlassenheit das ist: der Atem,
schwebender Stein,
wie einer von dem Haufen, den ich aufrichtete,
um dem Nachtwind den Namen Gott zu geben,
ihn zu wiederholen,
zu wiederholen,
bis ich endlich leer bin, alles zu erwarten vermag.

Lesung aus dem Konsonanten Aleph

Am Morgen verbrannten sie Tiere,
die Flammen stoben in die Kälte, bläuliches Züngeln,
glühende Knochen.

Auch was du erzählst davon,
beruht auf Lauten von Opfertieren:
Gutturale auf Gitterrosten,
Klicken der Hufe.
Ist der Schädel eingespannt, herrscht Stille,
nur die Zählwerke ticken weiter, Projektil um Projektil.

Du gewöhnst dich an die Namenlosigkeit in der Halle,
wie an Namen ohne Tiere.
Blut
genug für den Fortgang der Arbeit,
für das Förderband, das Ausharren in der Zukunft.

Eins,
der Urknall,
der nächste Schuß,
indem ein Fleisch wird aus der Herde,
ausgeteilter Körper: das Wort, das Rind.

Lesung aus dem Konsonanten Beth

Nieselwind streift die Mauern.
Du liegst in einem Glas, das sich aus dem Boden wölbt
im Dampf einer heißen Quelle.
Du liegst bäuchlings in einem durchsichtigen Höhlenskelett.
Du folgst mit deinen Fingern den Rippen,
den Plasmaströmen,
Adern,
die ein Gehirn beschreiben könnten,
Reihen von Pflanzenmustern und Platten,
die erst nachts von ihren Schatten zu unterscheiden sind.
Du schläfst in einem Haus,
das sich in einem anderen Haus spiegelt.

Die Aussicht vor dem Fenster trübt sich ein:
du mußt dich an andere Namen gewöhnen,
einzellige Nacht
in einem Quader.
Du bist unterbrochen, wenn du ausatmest.
Auch das Haus ist, die Haut,
eine der Störungen, in denen du treibst.

IV

Ich werde sehen, schweigen und hören

(Gedichte aus einem Garten)

Tomatenpflanzen

In ihrer Gegenwart setzt du die Schritte leiser, einsame
Kursive des Dschungels, sie lassen rot ihre Trauer

aufleuchten, Erinnerungen, versickert in der Kargheit deines
Gartens, als ob nur Abwesendes darin wirklich sein kann.

Du duckst dich, während du sie an Pfähle bindest,
flüsterst, als müßtest du dich schützen vor ihnen.

Der Klang deiner Stimme düngt sie. Sie gedeihen
üppig nur in eigenen Abfällen: Es sind Heimwehranken,

allein und vereint mit dem Geheimnis,
warum sich alles voneinander entfernt. Du hackst

das Unkraut um sie weg. Am Morgen, wenn die Sterne
verlöschen, stehst du bei ihnen und schweigst.

Lindenstamm

Der Stumpf ist ein Schwamm, dämmriges Mark,
in dessen Höhlen ein Festmahl tobt:

Käferscharen, Schatten von Ohrenbeißern, Gewimmel –
wer Ohren hat, der höre – Fraßgeräusch,

in dem alles, was sie zernagen, zusammenklingt,
eine Spur in die Vorzeit, in das Wellenrauschen am Meer.

Warum hast du dich nicht hinabgehockt und gelauscht
bei den zerbröckelnden Rindenschuppen,

den Schimmelflecken auf dem morschen Kegel?
Andere werden gerufen: Wespen, Eidechsen, ein Specht,

daß sie im Morgengrauen Nahrung finden.
Du aber gehst über die Straße in ein verdunkeltes Haus.

Ameisennest

Blinklichter im nassen Erdreich sind ihre Eier,
die Puppen in Bewegung wie tastende Fingerkuppen.

Ihr Gedächtnis wuchert im Verborgenen,
zwischen angenagten Wurzeln breiten sie ihre Gänge

unter den festgetretenen Wegen aus: Unrast
verwirrender Träume, aus wessen Bewußtsein verdrängt?

Sie erfinden genaue Kalender, hören Magnetwinde
und verharren dann still. Sie sammeln sich in Knochen,

Erdhöhlen und Erinnerungslücken. Du fürchtest sie,
siehst sie selten und schläfst dann meist schnell ein.

Gestern hast du ihr Nest aus einer Johannisbeerwurzel
gegraben, dir bleibt keine Zeit zum Erklären.

Salbei

Ein Eremit hockt an der Wegbiegung, verholzter
Schatten, in sich gekehrt. Wo er herkam, wanderten

Sträucher in endloser Dürre, wurde ihr trockenes
Geäst vom Föhn über Felshänge gerollt, durstend

halluzinierten sie lila Blüten, bittere Essenzen ihrer
Einsamkeit. Er aber, von Kälte bedroht, sucht weiter,

sucht im Nebel weiter etwas, das er nicht
erkennen kann, das nicht vergessen ist, das er nicht

auflösen kann: Es ist nicht das Beben der Fremde, kein
Sturm, nicht die flackernden Angriffe des Schimmels …

Am Abend versickert alles in seinem Inneren,
der Garten, die Stille und seine eigenen graugrünen Blätter.

Mulch

Erschreckend, wie schnell eine Pflanze zerfällt,
liegen die Wurzeln erst bloß. Du ziehst eine Masse breit,

die keiner Art mehr angehört. Der gelb überschattete
Boden ist in Schweigen getaucht. Gebeugt über Furchen,

hackend in verrottetem Kraut, erinnerst du dich
an eine vergangene Sehnsucht: … grabender Körper zu sein

an seinem Ort. Nicht abzulösen vom eingenisteten Keim,
ist der Mulch ädrig nach unten wie eine Plazenta. Er hält

die Erde feucht, ein geschlossenes Lid. Er ist zerfasert,
zerfault, ein langes Gespräch des Sommers mit sich selbst

und erzählt von dem Muttermal, seinem Verschwinden,
ein Wesen mit Zukunft, doch ohne Gestalt.

Giersch

Zähes Geflecht, ein böses Triebwerk, die einströmenden
Wurzeln des Giersch ähneln Druckwellen,

die sich mit gleichmäßiger Geschwindigkeit ausbreiten,
kratzendes Abkippen von Schutt oder Knochen, Hausmüll.

Der Giersch läßt sich nicht vertreiben. Er kehrt wieder
und wiederholt die vergangenen Selektionen,

stetes Rupfen mindert den Wuchs, nicht die Anwesenheit.
Er ist die Schattenseite der Zähmung, wie der wölfische

Biß des Hundes, wie das grundlose Weinen nachts
vor dem Computer. Leitpflanze im Niemandsland, zeigt er

Stellungen im Fluß kalter Frontlinien an. Aufgerissene
Erde … etwas fehlt, und der Giersch nistet sich ein.

Kranker Pfirsichbaum

Das Innere der Krankheit ist die Unwirklichkeit:
Blätter kräuselten sich auf und konnten die Farben

nicht mehr fassen, als flimmerten Lichtflügel im Dunst
bei hohem Luftdruck, Einbildungen, zinnoberrote

Flecken, zitronengelbe Falter wehten davon wie die Tage
einer bewußtlosen Kindheit. Ich lege meine Hand

in die Wunde am Stamm, immer noch zweifelnd
an dem toten Geäst mitten im Sommer. So einfach

ist der Baum geworden, eins ohne Gegensätze,
und warm, die Zeit geht vorbei an den Jahresringen.

Offene Rinde, Unrast einer Berührung … etwas,
das ich nicht weiß von mir, ist darunter verborgen.

Sonnenblumen

War es zu grell, um etwas zu sehen,
oder war es Nacht, ein Schlag? In deinen Augen

liefen Ringe auseinander, fließende Kraterhänge,
brennende Gase ohne menschliches Maß

schossen in den Raum. Du blicktest auf Farbkrusten,
als ob Gesteinshaufen erkalteten, starre Schalen.

In der Ferne schienen Vögel zu kreisen wie Monde.
Nichts hatte diese Konstanz, dieses bruchlose Verharren

bei seinem Ursprung: Blütenkörper drehten sich
langsam um sich selbst. Es wurde immer heller.

Du konntest nur noch die Arme anpressen,
die Flügel, und hoffen, daß du nicht verglühst.

Knoblauch

Wie Heilige, die zwischen Pestkranken einherschreiten,
die Gesichter verborgen unter Schleiern,

kauern sie sich in die Niedrigkeit der Beete.
Ihre eingekrallten Zehen sind das Gewissen des Humus,

in der Nacht gereifte Erinnerungen an den eigenen Tod.
Herausgezerrt, quält dich ihr Licht:

warum denkst du an einen Garten, den jahrelang
niemand bewirtschaftete? Hast du auch das Fieber?

Kommst du ihnen zu nah, zwingen sie dich zu reden.
Ihr Geruch ist ein Umkehrruf, wirksam wie versprühtes Gift.

Über ein Jahr sinken die Kräftigsten ins Erdreich zurück,
um ihr Wachstum zu wiederholen, dir keine Antwort.

Zaunwinde

Über Nacht ist der Garten fester geworden, zusammengezogen auf einige Erdhügel vor blassem Horizont.

Blätter sinken, die Oberflächen, die Beete erkalten.
Im Regen platzen Früchte auf. Am Vormittag

das frische Grab gehört einem Säugling.
Du siehst schwarze Löcher draußen im Asphalt.

Abends greifen von neuem weiße Nebel aus, verdichten
sich zur blühenden Winde. Ihre metertiefen

Wurzeln dauern aus, wenn alles Licht versickert.
Ihre Blätterranken sind Spuren längst verwehter Blätter.

Der Garten hält mühsam sein Gleichgewicht, verhakt
an der Flanke eines Steilhangs, an einem schroffen Grat.

Kirschen, eine Rodung

Hohle Stämme liegen unter der dröhnenden Säge,
enge Tunnel, du schaust hinein, als könntest du

in einem dieser Gänge die Erschöpfung zurücklassen,
das kalte Pochen im Hals, die schweren Arme.

Das Licht vom anderen Ende erhellt Narben
von Bombensplittern und Nägeln. Baumblut

mahnt zur Eile, erstarrt. Das Restlaub
atmet nicht mehr, es schwebt über den Erinnerungen.

Geschichtet sind Tote, Rohstoff zum Hellerstrahlen,
Wärmen in kalter Zeit, auf hohen Scheiterhaufen.

Jetzt ist die Reihe an dir zu schweigen, du haust
eine Lichtung für Wesen, die deine Spuren tilgen werden.

Nußbaum

Dann gab es noch den hohen Nußbaum: seine massigen
Äste hingen über die Wiese wie die Balken eines Kreuzes.

Geduckt ins Dunkel seines Gewölbes hockten Vögel, dicht
aneinandergedrängt, und warteten, einer des anderen

Schatten, auf die Segnung des Öls. Bald würde der Wind
einziehen und zu blättern beginnen in den Schriften.

An der Wetterseite brachen Pilze aus dem Stamm.
Doch beharrlicher, über Wochen, war das Schweigen:

In Schalen ruhten Hemisphären, rauschten Bäume
und bohrten von innen. Im späten Glanz der Karwoche,

nach dem Feuer an der Lichtschwelle, dem Feuer,
das sich nie verzehrt, sahst du die ersten Nüsse keimen.

Verschwunden sind die Windhalme,
die unruhigen Falter in der Dämmerung über der Heide.
Verschwunden sind die Lichtmarken der Tulpen.
Verschwunden ist genau der Baum,
der Buche genannt wurde, verschwunden
der lange Schnitt durch die Zeit, zurück zum Anfang,
wo wir einander mit Namen kannten.
Verschwunden
sind die hetzenden Dornen der Brombeeren,
die Kirschblüten wie Schneewehen an den Hügeln,
auslaufende Blicke: Wiesen ohne Wiesen.
Es ist Frühling.

Hieronymus Bosch:
Wälder haben Ohren, Felder haben Augen

Sieben Stämme, ein Dickicht, ein Lauschen,
alles Dunkel ist Baumschatten.
Du bist fremd. Striche
schließen dich ein wie ein Gitter, Zellstrukturen, nichts

kannst du verbergen. Du horchst in dich hinein:
warum stehst du hier in dem Wald?
Du weißt nichts von dir.
Bei jedem Schritt hast du Angst, Augen zu zertreten.

Also verharrst du still, wartest und gehorchst
dem Schweigegebot der Kohleschraffuren.
Längst haben dich Eulenblicke erspäht:
das Bild, das du siehst, ist dir auf der Spur.

Am Abend, am Morgen

Den Abend lang währet das Weinen,
aber des Morgens ist Freude.
(Psalm 30, 6)

1

Windeinbrüche, das Glas gerät in Schwingung,
klirrt. Die Nasenflügel weiten sich.
Ich höre Schritte,
die in Schluchten abrutschen, ungeschrienes Grollen,
Narkosebeiklänge. Das Schläfenmassiv
gleitet in den Nachthimmel.
Mein Haar klebt geschmeidig an der Kopfhaut.

2

Unwirklich die Gegenstände, von niemandem gebraucht.
Die Gefäße auf dem Tisch schweigen sich aus
über ihre Leere, Namen in einer toten Sprache.
Kleider ohne Menschen,
Ring ohne Finger, Bilder ohne Betrachter.
Was von der Vergangenheit blieb, sind unlesbare Körper:
Versteinerungen im Regal, Keramik, Wörter.

3

Die Baumwolle, die Hände – weiß und verhallt
wie Glocken. Im Spiegel
sehe ich das Gesicht eines Ungeborenen.
Sie füllen in mich Stoffe wie in ein Reagenzglas:
warum wollen sie mich in einem Zustand halten,
den sie nicht definieren können?
Sie ritzen magische Zeichen in meine Haut.

4

Ich rede mit mir, nur mit mir.
Atemluft weht über das Kissen.
Mein Fenster ist der Monitor, flackernde
Einstichpunkte der Erinnerungen. Eine Hand,
fern, sehr fern vibriert durch meinen Körper,
eine Bettelschale, sie reicht mir Blut.
Der Tod ist eine abgestellte Maschine.

5

Die folgenden Tage, die folgenden, gekräuseltes
Haar auf der Hand, Wimpern,
die Abschiede lassen langsam ab von mir.
Der Wolf an der Spitze des Rudels
verfällt nicht – er wird besiegt und verlischt.
Ich aber habe ein zählbares Alter,
ich schaue dem unverständlichen Fortgang zu.

6

Seltsam, wie mir die Namen entfallen:
die Dinge werden schwerer und nehmen Abschied
von meinem Gehirn.
Der Tisch ist ein Widerhall.
Das Fenster ist ein Widerhall.
Ich taste durch dunkle Materiebrocken.
Das einzig lesbare Zeichen bin ich.

7

Nun bin ich unterwegs.
Noch nie entfernte sich die Stadt so schnell von mir.
Ich sehe schwarze Winden über die Hügelkette kriechen.
Ich sehe Bäume aufschießen wie Dampf.
Meine Haare setzen ihr gleichmäßiges Wachstum fort.
Über die Haare, die Bäume und die leuchtenden Tachometer
streift ein heißer Wind, niemand kennt mehr ihren Ort.

8

Unsichtbar im Nebel liegt der Fluß.
Ich sehe Weiden aufragen, wirre Zweige
wie Dornenkronen um Köpfe, die verwachsen, zersägt,
ihre jahrzehntelangen Erniedrigungen erinnern.
Ich sehe knorrige Stämme, Baumpilze,
die weiterwuchern, bis in die letzte, morsche Höhlung.
Ich sehe ein Ufer, das weder beginnt noch endet.

9

Das Gleichmaß in allem: Licht, das geschichtete
Licht im Glas. Harztropfen trocknen bei Tage aus.
Ich werfe Steine ins Meer und sehe,
wie sich Wellenringe immer weiter ausbreiten,
bis ich sie vergesse.
Ein Kind schwimmt in einem Bernstein.
Ich trage ihn im Mund gegen den Tod.

10

Eine Schwalbe flattert kurz vor mir auf
und fliegt weiter, als sei da nichts
als ein kalter Nebel, sie dringt schmerzlos
durch meinen Hals.
Ich hocke vor einem Loch in einem Plattenhaus,
nah am ersten Flurfenster, sehe
Brennesseln schon bis an die Schwelle dringen.

11

Weil es Worte sind, höre ich, und wieder,
bis ich mich erinnere: *luz*, das Licht,
bosque, der Wald …
und starre in das gebrochene Strahlen,
das Erschaffen unbekannter Gewächse,
sichtbar aus großer Höhe,
langsam spreche ich mich aus der Welt heraus.

12

Das Aufstöhnen, das Drehen und Drehen
um die eigene Achse, geschraubt in den Schlaf,
das Einrollen,
das diffuse Reden, Augenaufschlagen: unhaltbar
jeder Moment
im großen Abwesenden, ein Tier
liegt bäuchlings und säuft meinen Schatten.

Anmerkungen

Finisterre: Kap an der Nordwestküste Spaniens, das als westlichster Punkt Europas und als das Ende der Welt (finis terrae) galt.

Hohlform einer Hand: Seit Jahrhunderten berühren die ankommenden Pilger in der Kathedrale von Santiago de Compostela eine Säule am Portal der Basilika. Dadurch ist in ihr die Hohlform einer Hand ausgerieben.

b-r-sch-t: Konsonantenzeichen am Anfang der hebräischen Bibel.

Muxía: Fischerdorf im nördlichen Galicien. Ein vorchristliches Heiligtum wurde hier mit der Kirche »Sanctuario de Nosa Señora de la barca piedra« ins Christentum integriert. Die Muttergottes sei hier mit einem steinernen Schiff gelandet, um den Apostel Jakobus in Santiago zu besuchen und den Seeleuten beizustehen. Ein magischer Felsbrocken in Form eines steinernen Segels liegt vor der Küste, den bis heute galicische Pilger besuchen, um unter ihm hindurchzukriechen, weil sich so seine heilenden Kräfte für sie entfalten.

immer bist und überall du ich: aus einem Gedicht des islamischen Mystikers Halladsch.

Aleph, Beth: Hebräische Konsonanten. Ihre ursprünglich bildhaften Schriftzeichen wurden nach dem Prinzip der Akrophonie ausgewählt: Jedem Laut entsprach das Bildsymbol einer Sache, deren semitische Bezeichnung mit dem entsprechenden Laut begann. So wurde das Aleph mit einem Rinderkopf dargestellt, das Beth mit einem stilisierten Haus (»Der Heilige, gesegnet sei er, wohnt in den Buchstaben«, Dov Baer von Mezeritz).

Inhalt

I

Finisterre 9

(Flechten, unter dem Monte Louro) 9

(Morgens unter dem Monte A Moa) 10

(Camino de Santiago, O Cebreiro) 11

(Hagel über der Sierra de la Capelada) 12

(Costa da Morte) 13

(Islas Cies) 14

(Sturmböen, Costa da Morte) 15

(Finisterre) 16

Das graue Licht 17

Muschelbank bei Muxía 1-2 18

II

Tempel 23

(Der Fels) 23

(Der Vulkan) 24

(Die Maschine) 25

(Die Teilung) 26

(Die Sprengung) 27

(Die Autobahn) 28

(Die Brache) 29

Warten aller Augen 30

(Soldat) 30

(Der Pfarrer) 31

(Physiker in der Chipfabrik) 32

(Patientin im Mehrbettzimmer eines Pflegeheims) 33

(Taubstummer Tänzer) 34

(Betender) 35

(Anachoret) 36

(Schläfer) 37

(Neunzigjährige Witwe) 38
(Der Sohn, 1) 39
(Der Sohn, 2) 40
(Autor) 41
Erdreich im Müglitztal 42
(Gruft in der Kirche von Burkhardswalde) 42
(Weißer Innenraum, entfernte Bemalung in der Kirche von Burkhardswalde) 43
(Weesenstein, nach der Flut im August 2002) ... 44

III
Rand, die Leere 47
(Nachtflug Dresden – Arecife; nach: Nun ruhen alle Wälder) 47
(Flußbett im August; nach: Du bist gegenwärtig) 48
(Leunawerke, im Februar 1989; nach: Ein feste Burg ist unser Gott) 50
(Lanzarote, im Wind aus der Sahara; nach: Heil'ger Geist, du Tröster mein) 52
passio 1-5 53
(Velázquez: Cristo Crucificado) 63
Abraham 1-3 64
Lesung aus dem Konsonanten Aleph 67
Lesung aus dem Konsonanten Beth 68

IV
Ich werde sehen, schweigen und hören 71
Tomatenpflanzen 71
Lindenstamm 72
Ameisennest 73
Salbei 74
Mulch 75
Giersch 76

Kranker Pfirsichbaum 77
Sonnenblumen 78
Knoblauch 79
Zaunwinde 80
Kirschen, eine Rodung 81
Nußbaum 82
Verschwunden sind die Windhalme 83
Hieronymus Bosch: Wälder haben Ohren, Felder haben Augen 84
Am Abend, am Morgen 1-12 85

Anmerkungen 97

Suhrkamp Verlag GmbH
Torstraße 44, 10119 Berlin
info@suhrkamp.de
www.suhrkamp.de